Marginales

*Nuevos textos sagrados*

Colección dirigida por
Antoni Marí

José Emilio Pacheco

# DESDE ENTONCES

[POEMAS 1975-1978]

TUSQUETS
EDITORES

Diseño de la colección: Clotet-Tusquets
Ilustración de portada: © Alicia Sandoval
Fotografía del autor: © Rogelio Cuéllar Ramírez
Colección: Marginales
Serie: Nuevos textos sagrados


Bajo el sello editorial TUSQUETS M.R.
Avenida Presidente Masarik núm. 111,
Piso 2, Polanco V Sección, Miguel Hidalgo
C.P. 11560, Ciudad de México
www.planetadelibros.com.mx

Primera edición en formato epub: octubre de 2024
ISBN: 978-607-39-2070-4

Primera edición impresa en México: octubre de 2024
ISBN: 978-607-39-1948-7



Impreso en los talleres de Impregráfica Digital, S.A. de C.V.
Av. Coyoacán 100-D, Valle Norte, Benito Juárez
Ciudad de México, C.P. 03103
Impreso en México - *Printed in Mexico*

*A la memoria de Efraín Huerta*

*A David Huerta*

*A Thelma Nava*

No estoy alegre ni triste.
Éste es el destino de los versos.
Los escribí y debo mostrarlos a todos.
No podría ser de otro modo.
La flor no puede ocultar su color,
Ni el río disimular su curso,
Ni el árbol esconder sus frutos…
¿Quién los leerá?
¿A qué manos irán?…
Me someto y me siento casi alegre,
Casi alegre como el que se cansa de estar triste.

Fernando Pessoa / Alberto Caeiro
[Versión de Octavio Paz]

# I

# EN RESUMIDAS CUENTAS

*A la memoria de Lya Kostakovsky*
*y Luis Cardoza y Aragón*

## A LA ORILLA DEL AGUA

La hormiguita que pasa
por la orilla del agua parece
decir adiós al inclinar sus antenas.

Qué voy a hacer si pienso en ti al observarla,
tan segura de su misión, tan hermosa,
siempre a punto de ahogarse y siempre salvándose.

Siempre diciendo adiós
a quien no ha de volver a verla.

## JEAN COCTEAU SE MIRA EN EL ESPEJO

En el principio no existían los años,
sólo un continuo innumerable: la infancia.

Más tarde subrayaron su impermanencia,
fueron hierba del campo, olas, adioses.
Y llegué a acumular setenta.

Este rostro de vidrio ahora es mi cara
en la luna del agrio espejo.
Atrás, bajo su cara sombría,
en su mar de tinieblas, entre el azogue,
me esperan impacientes los otros muertos.

## EN RESUMIDAS CUENTAS

¿En dónde está lo que pasó
y qué se hizo de tanta gente?

A medida que avanza el tiempo
vamos haciendo más desconocidos.

De los amores no quedó
ni una señal en la arboleda.

Y los amigos siempre se van.
Son viajeros en los andenes.

Aunque uno existe para los demás
(sin ellos es inexistente),

tan sólo cuenta con la soledad
para contarle todo y sacar cuentas.

## LAVANDERÍA

Dentro de poco no sabré quién soy
entre todos los muertos que llevo encima.

Cambiamos siempre
de manera de ser y estar
como mudamos de camisa.

Pero lo malo de esta insaciedad
es que nada nos lava del ayer
como se limpia la otra ropa sucia.
Y vamos con un fardo de otros-yo
que nos pesa, nos hunde y sin embargo
no deja huellas en la oscuridad
ni sale a flote ya en ningún espejo.

## BAGATELA

Para quien no haya visto cuanto yo vi
parecerá mentira lo que pasó.
El mundo es diferente. Todo cambió.
No volverá a ser mío lo que perdí.
¿Dónde estará el pasado que terminó?
¿Cuál camino transita quien antes fui?
Para quien no haya visto cuanto yo vi
parecerá mentira lo que pasó.

## HOMENAJE

Con esta lluvia el mundo natural
penetra
en los desiertos de concreto.

Escucha
su música veloz,
contrapunto de viento y agua.

Única eternidad que sobrevive,

esta lluvia no miente.

## ACUARELA

El aire sangra sobre la ciudad,
leve paloma que el halcón traspasa.

No es todavía de noche y el cielo
cerrado está como en tormenta. Reptiles
abandonan sus madrigueras
con el miedo feroz a cuestas.

Pero no pasarán.

## NOCTURNO

La noche yace en el jardín.
La oscuridad en silencio respira.
Cae del agua una gota de tiempo.
Un día más se ha sepultado en mi cuerpo.

## BOSQUE DE MARZO

La flor acaba de nacer, la hoja vibra
de juventud en solidario follaje.
Nueva es la tierra y es la misma de entonces.
Aquí tan sólo quien contempla envejece.

## ESPECTROS

Nunca he visto fantasmas. Llevé una
años enteros en el desmantelado
teatro de la memoria.

Transilvania o los páramos ingleses
fueron menos temibles que los sitios
en donde estuve bajo el sol con ella.

No hubo exorcismo contra aquel espectro.

Un día cesaron las apariciones.

## EXTRANJEROS

Si te molestan por su acento o atuendo,
por sus términos raros para nombrar
lo que tú llamas con distintas palabras,
emprende un viaje,
no a otro país (ni siquiera hace falta):
a la ciudad más próxima.

Verás cómo tú también eres extranjero.

# MANUAL DE URBANIDAD

Para qué tanta ceremonia, indirectas,
puñaladitas bajo cuerda, gasto suntuario,
cortina de humo o envoltura contaminante
de una desnuda frase: *No puedo verte*
o *No te soporto*.
Es decir, soy ciego
a nuestra humana luz compartida.
O bien, no resisto
el peso de otra dolencia errante agregada
a mi invencible pesadumbre.

## «LOS DEMASIADOS LIBROS»

A cambio de las horas que no regresan
se acumulan los libros,
cajas de sueños, esperanzas, cóleras
que (es muy probable)
no leeremos nunca.

Por todas partes libros en desorden,
objetos de ansiedad, mudo reproche
de no haberlos abierto.

Miedo a morirse
sin hojearlos siquiera.

Con qué cinismo,
con cuánta desvergüenza o qué locura,
después de todo esto nos ponemos
a escribir otro libro.

## MULTITUDES

Bajo un sol que aparenta comenzar otra edad
obreros, campesinos, pueblo, pueblo,
van ocupando a México. Parece
que es la revolución… No:
son acarreados
que trajo el PRI a aclamar al presidente.

## SAN COSME, 1854

Mundo de vidrio en la litografía. Jardines
en donde ahora se atropellan los coches.
Casas y fuentes y árboles frutales,
hoy estacionamientos desolados.
Aire sin mancha
y no el actual irrespirable veneno.

Pero no creas
en la nostalgia inmemorable: debajo
del tibio edén que se detuvo en la imagen
había:
desagüe a la intemperie, miles de esclavos,
seis o siete horas para hacer la comida
—y gran dificultad para bañarse.

## EL DERROCHE

Mientras espero a la que llega tarde,
ahora y siempre, observo
la multitud.
Y no me porto sociológico,
apocalíptico ni estético.

Hoy me limito a ver los rostros de todos.
Pienso en el desmedido gasto superfluo,
las horas-hombre (u horas-Dios, según la creencia)
desperdiciadas en dar a cada cual unos rasgos
que jamás se duplican.

Hay —dijo Bioy— un verdadero derroche de caras.

## RETRATO DE FAMILIA

¿Quiénes son los extraños que nos contemplan
desde el fondo gris del retrato?
Dieciséis años son un enorme trozo de siglo:
generaciones, vidas, historias.
Broma pesada de cualquier moda:
cómo ridiculiza al viejo presente,
nos obliga a reírnos de nuestro aspecto.
Qué jóvenes, qué niños parecen todos.
Cómo han cambiado nuestros muertos.
Ya llevaban su muerte a cuestas
pero nadie vio la guadaña.
El vendaval arrasó con todo.
Todos envejecimos menos la abuela
—más hermosa que nunca a sus ochenta años.

## *LONDRES,* POR WHISTLER

La *ciudad irreal*
se duplica irrealmente en el agua.
Masas de sombra se desbordan. El río
las lleva en vilo tembloroso.

Como un fantasma en la otra orilla, observas
luces difusas en la masa gris
de las bodegas y edificios.

La noche
también es gris.
La oscuridad se disuelve.
Arde la luna muy adentro del agua.

### *Picasso y sus críticos*

El río de tinta seguirá corriendo,
hilito de agua al pie de la montaña.

### *Lugones a los ultraístas*

Hablo una lengua muerta.
Siento orgullo
de que nadie me entienda.

### *Camoens*

Cuando empezó la ruina en Portugal
Camoens, que había cantado su gloria,
volvió a Lisboa:
—Quiero compartir
este dolor, esta miseria que somos.

### *Dante*

Al ver a Dante por la calle
la gente lo apedreaba con la certeza
de que realmente estuvo en el infierno.

### *Sol de Heráclito*

*El sol es nuevo cada día,*
pero los ojos que lo ven brillar
no disfrutan
de esa capacidad
—añadió Heráclito
en líneas omitidas por los copistas
o devoradas
en el célebre incendio de Alejandría.

### *Cabeza olmeca*

Bloque o montaña.
Un solo rostro, un astro
caído de una historia inescrutable.

Selva de la inmovilidad,
padre de piedra,
vestigio de qué dios decapitado.

### *Ciudades*

Las ciudades se hicieron de pocas cosas:
madera (y comenzó la destrucción),
lodo, piedra, agua, pieles
de las bestias cazadas y devoradas.

Toda ciudad se funda en la violencia
y en el crimen de hermano contra hermano.

### *Nombres*

El planeta debió llamarse *Mar:*
es más agua que *Tierra.*

### *Tradición*

Aquí yacen tus pasos,
en el anonimato de las huellas.

### *«Lost generation»*

Otros dejaron a la «posteridad»
grandes hazañas o equivocaciones.

Nosotros
nada dejamos,
ni siquiera espuma.

### *Antiguos compañeros se reúnen*

Ya somos todo aquello
contra lo que luchamos a los veinte años.

# II

# FIN DE SIGLO

*A Laurette Séjourné y a la memoria*
*de Arnaldo Orfila Reynal*

## COCUYOS

En mi niñez descubro los cocuyos.
(Sabré mucho más tarde que se llaman luciérnagas.)

La noche pululante del mar Caribe
me ofrece el mundo como maravilla
y me siento el primero que ve cocuyos.

¿A qué analogo lo desconocido?
Las llamo estrellas verdes a ras de tierra,
lámparas que se mueven, faros errantes,
hierba que al encenderse levanta el vuelo.

Cuánta soberbia en su naturaleza,
en la inocente fatuidad de su fuego.

Por la mañana indago: me presentan
ya casi muerto un triste escarabajo.
Insecto derrotado sin su esplendor,
el aura verde que le confiere la noche;
luz que no existe sin la oscuridad,
estrella herida en la prisión de una mano.

## EL EQUILIBRISTA

Entre las luces se perdió el abismo.
Se oye vibrar la cuerda.

No hay red: sólo avidez, sólo aire
a la temperatura de la sangre.

Suena el silencio.
Es invisible la luz.
Resbalan los segundos al acecho.

Y la muerte
lo toma de la mano.

Se deja conducir
pero la ve de frente.
Y ella baja la vista y se retira.

Sabe respetar
a quien no la desdeña ni la teme.

El hombre al fin
llega al extremo opuesto.

Su pavor
se desploma en el aire.

## DEL ÚLTIMO JUAN RAMÓN

*A la memoria de Ricardo Gullón*

Desde su noche ve
no la otra sombra
sino su claridad.

Brilla en el mar nocturno
la sal del sol, a solas, agua adentro,
en su materia misma inasible.

En la honda arena cae lo muriente
pero lo vivo resplandece en la gota
a la que sólo puede interrogar
la mirada del pez profundo.
Circulaciones
de la vida transformándose siempre.

Y en el abismo de su oscuridad
no desciende: se alza
sobre-viviente,
animal de fondo.

La noche al fin
se vuelve transparencia deseante.

## DESMONTE

El árbol respira noche. Se puede oír
la savia de la oscuridad perpetuándose
en su aislamiento que se romperá. Dondequiera
yacen los grandes troncos carbonizados. La selva
restaurará en su territorio al desierto.
La tribu errante
no tiene otra comida que el maíz. Para cultivarlo
torna en ceniza su gran bosque sagrado.
Quinientos años duró el árbol. Quinientos años
lleva la noche de caer sobre México.

## CERDO ANTE DIOS

Tengo siete años. En la granja observo
por la ventana a un hombre que se persigna
y procede a matar un cerdo.
No quiero ver el espectáculo.
Casi humanos, escucho
alaridos premonitorios.
(Casi humano es, dicen los zoólogos,
el interior del cerdo inteligente,
aún más que perros y caballos.)
Criaturitas de Dios los llama mi abuela.
Hermano cerdo, hubiera dicho San Francisco.
Y ahora es el tajo y el gotear de la sangre
y soy un niño pero ya me pregunto:
¿Dios creó a los cerdos para ser devorados?
¿A quién responde: a la plegaria del cerdo
o al que se persignó para degollarlo?
Si Dios existe ¿por qué sufre este cerdo?
Bulle la carne en el aceite.
Dentro de poco
tragaré como un cerdo.

Pero no voy a persignarme en la mesa.

## LA PRIMERA CANCIÓN DE AGUSTÍN LARA

La noche engendra música. A su imán
acuden las canciones memoriosas, el piano
desafinado, la guitarra ya casi polvo, el violín
comido por los años, las maracas
que suenan como huesos. Y los ancianos
vamos a congregarnos en este círculo mágico.
Nos verá la espalda
el presente que nos asfixia, el agobio
de estar vivos aquí y ahora.
Sonará como entonces la blanda música.
Nos recubre esa vida que fue la nuestra
y mantiene a raya el sepulcro abierto.
Muchacha que hoy serás como fue mi abuela,
en esta noche tienes veinte años todavía.
Cómo impedir una lágrima cursi o dar las gracias
pues me quedé con tu rostro del 29.
Ahora, de pronto, casi en mi tumba, vuelves
en la canción tristísima. Por un momento
somos de nuevo los hermosos amantes.

## FIN DE SIGLO

*La sangre derramada clama venganza.*
Y la venganza no puede engendrar
sino más sangre derramada. ¿Quién soy:
el guarda de mi hermano o aquel a quien adiestraron
para aceptar la muerte de los demás,
no la propia muerte?
¿A nombre de qué puedo condenar a muerte
a otros por lo que son o piensan?
Pero ¿cómo dejar impunes
la tortura o el genocidio o el matar de hambre?

No quiero nada para mí, sólo anhelo
lo posible imposible: un mundo sin víctimas.

## DESDE ENTONCES

Hubo una edad (siglos atrás, nadie lo recuerda)
en que estuvimos juntos meses enteros,
desde el amanecer hasta la medianoche.
Hablamos todo lo que había que hablar.
Hicimos todo lo que había que hacer.
Nos llenamos
de plenitudes y fracasos.
En poco tiempo
incineramos los contados días.
Se hizo imposible
sobrevivir a lo que unidos fuimos.
Y desde entonces la eternidad
me dio un gastado vocabulario muy breve:
«ausencia», «olvido», «desamor», «lejanía».
Y nunca más, nunca más, nunca, nunca.

## MONÓLOGO DEL MONO

Nacido aquí en la jaula, yo el babuino
lo primero que supe fue: este mundo
por dondequiera que lo mire tiene
rejas y rejas.
No puedo ver nada
que no esté entigrecido por las rejas.
Dicen: Hay monos libres.
Yo no he visto
sino infinitos monos prisioneros,
siempre entre rejas.
En las noches sueño
con la selva erizada por las rejas.
Mi existencia consiste en ser mirado.
Viene la multitud que llaman «gente».
Le gusta enardecerme. Se divierte
cuando mi furia hace sonar las rejas.
Mi libertad es mi jaula. Sólo muerto
me sacarán de estas brutales rejas.

## TRES Y CINCO

Todas las tardes a las tres y cinco
llega hasta el patio un pájaro.
¿Qué busca? Nadie lo sabe.
No alimento: rehúsa
cualquier migaja.
Ni apareamiento:
está siempre solo.

Tal vez por la simple inercia de contemplarnos
siempre sentados a la mesa a una misma hora,
poco a poco se ha vuelto como nosotros
animalito de costumbres.

## NUPCIAS

«¿De quién son esos ojos?»,
dicen como los niños los amantes.
Quieren *tener* para *ser* otros,
dos en uno, olvidarse
de que nacieron separados,
morirán separados.
Y sólo por un instante están juntos.
Paz en la guerra.

Y nadie piense bajo aquellos minutos:
No eres *mía,* no soy *tuyo,*
nada nos pertenece, no poseemos
ni siquiera los nombres propios.

Somos hormigas obedientes.
Todo el amor, todo el deseo
apenas espejismos, sobornos
de la incesante procreación.
Engranajes
bien programados para perpetuarse.
Peces, cardúmenes
con el anzuelo de un segundo en las bocas,
en sus cuerpos que son
carne del tiempo.

*RATTUS NORVEGICUS*

Dichosa con el miedo que provoca, la rata parda de Noruega
(nacida en Tacubaya y plural habitante
de barrios más bien pobres), en vez de ocultarse
observa con ojillos iracundos las tristes armas
—palos, escobas, cacofónica avena envenenada—
que no podrán contra su astucia.
Sentada en su desnuda cola y en la boca del túnel,
la rata obesa de exquisita pelambre, la malhechora
que devora recién nacidos arrojados a los baldíos
parece interrogarme: «¿Soy peor que tú?»,
con sus bigotes erizados la oronda en tensión suprema.
«También tengo hambre y me gusta aparearme y no
me consultaron antes de hacerme rata y soy más fuerte
(comparativamente) y más lista. ¿Puedes negarlo?
Además, las ratas somos mayoría: por cada uno de ustedes
hay cinco de nosotras. En esta tierra
las ratas somos los nativos; ustedes,
los indeseables inmigrantes. Observen
la pocilga y el campo de tortura que han hecho
de este planeta compartido. El mundo
será algún día de las ratas. Ustedes
robarán en nuestras bodegas,
vivirán perseguidos en las cloacas.»

El gato
interrumpió el monólogo silente.

# III

# PROSAS

*A Martha Livelli y José Miguel Oviedo*

El día se queda inmóvil como un árbol. Se detiene el reloj. El ser de los objetos se perfila. Es como si se hubiera ido la luz y no obstante el mundo permaneciera visible.

Habitaré el extrañamiento cuando todo se afianza en su quietud y el tiempo abre las puertas a la nada. Pero llega un sonido de cinceles contra la piedra. La hoja se mueve. Extiende el árbol su inmovilidad y alcanza en silencio la otra orilla. El aire es luz y corre a velocidades inaudibles. ¿Qué es la verdad en esta representación solitaria?

No queremos dejarla en paz. Antes de suicidarse, B. llamó a sus amigos. No dijo lo que intentaba ni alcanzamos a imaginarlo: B. no había hecho simulacros ni ensayos generales. Nadie acudió al llamado. El abandono es injustificable. Pero, como es de suponerse, tenemos paliativos, coartadas. El teléfono suena a medianoche. Hay sobresaltos. No somos los que fuimos. Ahora cada uno tiene deberes y necesidad de levantarse temprano.

El suicidio es una crítica radical a nuestro modo de vida y, en primer término, un asesinato simbólico. Todos sentimos que matamos a B. y ella, en venganza, acabó con nosotros. Nos sobrevaloramos al pensar que una palabra nuestra, un gesto solidario, los consuelos de la filosofía cristiana o estoica, la esperanza de la revolución mundial, la memoria de los buenos momentos en compañía, el despliegue de nuestras propias humillaciones y fracasos, un sarcasmo oportuno y autoescarnecedor... algo hubiera bastado para conjurar el suicidio.

Más que en nuestro íntimo sufrimiento, en estas maniobras se revela el horror de estar vivo. Nos sentimos tan culpables que nadie quiere cargar con la culpa. Entre habladurías y reproches directos, sostenemos una campaña cerrada para que alguno de nosotros expíe el remordimiento colectivo —y le haga a B. en la muerte la compañía que no supimos hacerle en vida.

Aquel mundo ya sólo existe en la memoria que inventa. Entonces todas las muchachas se llamaban Teresa, Yolanda o Lilia. Demasiado niños para llegar a un hotel, demasiado pobres para tener cuartos al fondo del jardín o coches deportivos que pusieran bosques y carreteras a nuestro alcance, nos tocaron los besos en los parques, el zaguán en tinieblas, la última fila de los cines. Siempre el temor pero nunca la noción del pecado.

## VALLE DE LÁGRIMAS

En el silencio de la noche un niño llora. No es un huérfano ni un abandonado: los padres salieron y lo dejaron solo creyendo que no despertaría. Su llanto inconsolable taladra mis huesos. No puedo hacer nada. Muros, patios, puertas, corredores me separan del niño, a quien apenas conozco. Si entrara en su casa, al ser descubierto por los padres, ¿cómo explicaría mi intrusión, mi buena voluntad, mi conciencia del sufrimiento ajeno? Así, me desespero escuchando un llanto aislado aunque también simbólico. Un dolor que no será permanente y sin embargo contiene todo el dolor del mundo.

Una rama de sauce sobrenada en el río. Pulida por la corriente, se encamina hacia el ávido mar. El viento impulsa la navegación. La rama se estremece y prosigue. En sus hojas se anuda una serpiente. La luz del sol y los restos de la lluvia arden en sus escamas.

Rama y serpiente se enlazaron hasta constituir una sola materia. Piel es la madera y la lengua, retoño venenoso. La serpiente ya no florecerá en la selva. El árbol no encajará en las aves sus colmillos narcóticos.

Prueban la sal en las aguas fluviales, entran en el mar mientras la noche se propaga. Llegarán unidas al fondo del océano. Tal vez renazcan en la arena inviolable.

Hasta hace poco me despertaba un rumor de pájaros. Hoy ya no están. Han acabado estas señales de vida. Sin ellos todo parece más lúgubre. Me pregunto si los ha matado la contaminación o el hambre de los habitantes. O bien, quizá los pájaros comprendieron que la Ciudad de México se muere y alzaron el vuelo antes de la ruina final.

*Winner take nothing*

Años de errar en el desierto. Salvé la vida porque el verdugo se compadeció y entregó el recién nacido a unos pastores. Cuando alcancé la mayoría de edad me dijeron: «Eres hijo del rey asesinado. Acaudilla a los desafectos, recobra lo que te pertenece».

Las tropas del impostor no me alcanzaron. Años de errar en el desierto. Me enseñaron el arte de la guerra las tribus mercenarias. Al invocar el nombre de mi padre levanté ejércitos. Tras veinte años de combate, gracias a la valentía de mis soldados y la astucia de mis lugartenientes, tomé la capital, hice pedazos al tirano y me senté en el trono que no se comparte.

Ahora soy rey. No se lo deseo a nadie. En los ojos de cada uno de mis compañeros de lucha observo el odio y el brillo de la daga que tarde o temprano se clavará en mi espalda.

## INDULTO

Acabo de resistir a la bestia que llevo a todas partes encadenada. Derroté el impulso de cazador que me legó la horda ancestral. Vi una cucaracha que, en vez de huir como dicta su especie, me observaba, paralizada de terror. Cuando iba a pisotearla —lo hago siempre— su miedo me detuvo. Dejé que continuara su camino.

## EL LIBRO

Lo compré hace muchos años. Pospuse la lectura para un momento que no llegó jamás. Moriré sin haberlo leído. Y en sus páginas estaban el secreto y la clave.

## AYER Y HOY

Ni la misma casa ni la misma ciudad, ni los mismos amores ni las mismas costumbres, ni los mismos libros ni los mismos amigos. De aquellos tiempos lo único que conservo es mi nombre.

## INTERCAMBIO

No hemos cumplido cuarenta años y ya hay en nuestra generación demasiados poetas muertos. Muertos en la guerrilla, la tortura, el accidente, el suicidio...

Pactemos con los adelantados que nos permitieron sobrevivirlos. Si ellos vivieron nuestras posibles muertes, correspondamos a tanta gentileza tratando de escribir sin proponérnoslo —en ese libro único que cada generación trasmite al desdén o al malentendido generoso de las siguientes— las páginas que aquéllos no tuvieron tiempo ni deseo de escribir.

En diez minutos llovió tanto que se desplomaron cables eléctricos y perdió una rama el único árbol en varios kilómetros a la redonda. Fue como un terremoto de lluvia. Al obstruirse la coladera se formó en el patio una bahía de agua lodosa y hojas amenazantes. De un momento a otro iba a anegarse la casa. Intenté desazolvar la alcantarilla. El mango de la escoba se hundía sexualmente en una materia invisible, al mismo tiempo blanda y poderosa. Por el tubo de la azotea bajaban cataratas. Las plantas se ahogaban en sus macetas. Al fin hallé la bomba succionadora. Entonces agua, tierra, hojas, insectos se despidieron con un breve remolino admirable. Sentí la frustración de quienes no lograron vengarse de la especie que explota y corrompe a la misma naturaleza de la que forma parte.

Con el cerebro destruido por las inhalaciones de «cemento», se halla a las puertas del Metro, tirado como lata de cerveza o envoltura de plástico. Canturrea algo semejante al rock. Lleva una camiseta harapienta con la inscripción *Have a Pepsi,* yins a tal punto raídos que algunos pagarían fortunas por exhibirse con ellos en sitios elegantes.

Tiene cualquier edad entre los quince y los cuarenta, acaso dieciocho. Las señoras de bolso y los señores de traje, que casi no se ven en este medio de transporte, lo miran de reojo y con desprecio. Antes lo hubieran fulminado con la palabra *indio.* Ahora tienen una solución de recambio: el término *naco.*

Para ellos la inflexible autoinmolación es un alivio: un desempleado menos, un asaltante menos, un violador menos, un guerrillero menos en el ejército de la miseria que crece a cada instante y nos rodea por todas partes. Quisieran borrarlo como se barren latas vacías y envolturas de plástico, desechos deshechos de una sociedad capaz de producir estas imágenes.

Si lo viera Ernesto Cardenal le diría: Levántate. En ti se ven los frutos del hambre, la violencia y la opresión que ya han durado cuatro siglos. Pero también el genio que construyó las pirámides e hizo posibles Machu Picchu, el calendario maya, la escultura azteca, los códices nahuas, la obra de Nezahualcóyotl... Todo esto se encuentra bajo la voz que en vano intenta reproducir la letra del rock.

## VIDA DE LAS HORMIGAS

De niño descubrió en *El tesoro de la juventud* instrucciones para construir un formicario. Lo hizo y pasó las tardes de muchos años observando en corte transversal la vida de las hormigas. Fue un gran entrenamiento que aguzó su inteligencia. Hoy es jefe de «inteligencia». Conoce todos los secretos, lee todas las cartas, escucha todas las conversaciones telefónicas. Para él la ciudad es un formicario. Puede aplastar a todos como hormigas.

## CARNADA

Pasamos la vida llevando a cuestas un desconocido: nuestro cuerpo. Tomamos la parte por el todo y de él sólo conocemos la superficie, el revestimiento.

El verdadero cuerpo está por dentro, invisible. No adquirimos conciencia de su estar hasta que la enfermedad nos obliga a percibirlo. Antes nadie se imagina el corazón, el cerebro, los pulmones, el páncreas... secretas maquinarias que lo sostienen en vida y de cuyo arbitrio depende tanto como del azar exterior. Toda esa ordenación sin reposo será al final carne de la nada, carnada de la muerte.

1976 deja todas las noches su cargamento de muertos en Beirut, Belfast, Buenos Aires, Montevideo, Santiago, Sudáfrica... Bajo el terremoto se abre la tierra y se desploman ciudades, los volcanes arrojan inmensos ríos de piedra al rojo vivo, el mar borra las poblaciones de la orilla. Crece el desierto, aumenta el hambre, la violencia se adueña de los agonizantes centros urbanos. Seguimos viviendo el tiempo de los asesinos.

Dicen quienes observan todo como si estuvieran a salvo: «No se preocupen, no sean apocalípticos. Se trata nada más de los temores del milenio. Sólo faltan veinticuatro años para el 2000. Todo se habrá compuesto cuando llegue. Vendrán tiempos mejores. No hay problema».

Que los muertos entierren a sus muertos en grandes fosas comunes. Quién entre los vivos se cubrirá de cenizas por las víctimas del crimen cotidiano, o no podrá vivir en paz mientras exista un ser al que torturan. Somos legión y somos prescindibles, desechables, inmemorables. Nos hemos vuelto comparsas de un melodrama en que, bajo el nombre de noticias, el mundo se ofrece como espectáculo a sí mismo. Hasta ahora nadie nos ha llamado a escena: somos espectadores y sobrevivientes. Pero ¿por cuánto tiempo?

El desierto es el fondo de un mar ausente. En vez de agua, peces, restos de naufragios y formaciones de coral, sólo arena tatuada y modelada por los vientos. *La mayor idea de masa que puede concebir nuestra mente es la pluralidad de sus granos de arena.* Se aprietan y se apartan unánimes, cambian de forma flexibles como nubes.

Cada uno de ellos contiene en su interior otro desierto, compuesto a su vez de átomos infinitos e invisibles. Montañas de un día, las dunas oponen a la fijeza la plasticidad, a la permanencia el movimiento.

Desierto, espejo de la muerte que vive. Arena, polvo en que todo habrá de convertirse, sudario que envolverá los imperios. Recordación de que cuanto empezó en el agua terminará en la aridez que por nuestra locura se está adueñando de la tierra entera.

En un corredor de la casa a la que me invitaron hallé su nombre fijado a la pared. Años sin acordarme de mi verdugo al que no conoceré jamás. Acaso estuvo allí y es del dominio público mi humillante secreto. Nunca sabemos lo que los otros saben de nosotros. Pero no: aquel hombre no tiene idea de mi existencia, ignora lo que significó en un pasado ya remoto la suya. Ante mi enemigo no significaba nada aquella muchacha que para mí era el mundo, como él para ella desde luego.

Misteriosa inconsciencia de la vida: ignorar cuántos destinos tejemos y destejemos sin saberlo. Como dos ardillas ciegas que se persiguen en una jaula redonda y no se alcanzarán jamás, así se ha vuelto nuestro vínculo. Cuando menos lo espere encontraré su nombre a mi espalda.

## OBRA MAESTRA

Cuántos adjetivos podría acumular mi orgullo ante la obra maestra recién salida de mis manos: *tersa irisada plena perfecta incomparable,* avanza por el aire hasta chocar con invisibles arrecifes y hacerse añicos de nada. Tal es la historia crítica, el génesis y el apocalipsis de la pompa de jabón que, tras varias décadas de intento y error, fue mi única e irrepetible obra maestra.

# AMISTAD

Hay viejas amistades parecidas al odio. Nos conocemos y nos reflejamos. Cada uno descubre los móviles del otro. Ya no podemos engañarnos con desplantes o subterfugios. Mutuamente nos hemos vuelto incómodos testigos. Odiamos sabernos proyectos que no se cumplieron, realidades que contrarían lo que esperábamos de nosotros mismos.

Reunirnos todos los días en el café se ha vuelto una obligación mecánica. Nada queda del afecto y la alegría compartida de los antiguos años. A la menor oportunidad sacamos las garras: módicos tigres condenados a dar vueltas en el mismo foso del zoológico hasta que se mueran de viejos o en un instante de sinceridad se entredevoren.

Madera y grafito se unen en el lápiz para inmolarse a medida que producen palabras, rasgos, números, líneas. El lápiz se gasta como quien lo maneja. Muere al dar vida a sus trazos y al segregarlos se prolonga en ellos (también son efímeros como el viento en la arena o la lluvia en el agua).

Por su lengua habla la naturaleza vencida. Árbol que acaban de talar, las mondaduras huelen a bosque. Para ser lápiz, a fuerza de ser lápiz, se despoja de las materias que sostienen su condición de lápiz. Incluye en latencia todas las posibilidades expresivas de la mente y la mano. Pero, inseguro, lleva su antítesis en el otro extremo: la goma. Lo que escribimos resulta provisional como lo que hace el lápiz. El signo de las cosas es gastarse.

La araña coloniza lo que abandonas. Alza su tienda o su palacio en tus ruinas. Lo que llamas polvo y tinieblas para la araña es un jardín radiante. Erige con la materia de su ser reinos que nada pueden contra la mano. Como los vegetales, crecen sus tejidos nocturnos: morada, ciudadela, campo de ejecuciones.

Cuando te abres paso entre lo que cediste a su dominio, encuentras el fruto de su acecho: el cuerpo de un insecto, su cáscara suspendida en la red como una joya. La araña le sorbió la existencia y ofrece el despojo para atemorizar a sus vasallos. También los señores de horca y cuchillo exhibían en la plaza los restos del insumiso. Y los nuevos verdugos propagan al amanecer, en las calles o en las aguas de un río, el cadáver de los torturados.

## EL AÑO QUE ENTRA

El año que entra no toca a la puerta, no saluda, nos mira con la arrogancia de quien nos tiene en sus manos. Se burla de nuestros intentos de cautivarlo, como pulverizará los buenos propósitos. Disfruta de su poder, lo sabe efímero, conoce las desgracias que repartirá sin equidad como siempre.

En su jurisdicción de vida y muerte el año que entra arrasará con todo, sin dejar ni siquiera una flor seca para el sentimentalismo del recuerdo. Atropella con soberbia de vencedor la frágil dignidad de quienes lo inventamos y le erigimos un adoratorio.

## MICROCOSMOS

Bosques de algas y hongos en cada piedra. Galaxias invisibles al ojo humano en un milímetro de musgo. Mares poblados de zoologías insondables en la gota que tiembla sobre la hoja. Antigua idea de un macrouniverso donde nuestros planetas son moléculas. Para él nuestra historia y nuestro sufrimiento se vuelven tan importantes como para nosotros las guerras, plagas, invasiones y cataclismos que ocurren entre los infusorios.

Pobres y planas las invenciones novelísticas ante aquellas noches en que la abuela te adormecía narrándote cuentos. Transformaban en calidoscopio el agrio túnel de este mundo y la pena de ser niño en morada de todos los prodigios. Madeja de historias falsas para proteger de la vida al indefenso, ponerlo precariamente a salvo de cuanto se le espera a cada uno.

O fue al revés: modo sabio, sutil, tribal y ya perdido de prepararlo —mediante la poesía sin conciencia de serlo— al paso por la selva carnívora, el viaje en el barco de los locos y la lucha con monstruos y dragones. Pero también de alistarlo para el milagro: las sirenas que brotan de las aguas profundas, las hadas, las princesas, las doncellas de túnica raída pero aun más hermosas que su reina.

Asombro del primero que subió en globo y pudo ver, literalmente a vista de pájaro, la tierra dominada a sus pies. Hoy, si uno puede pagarla, esta visión se ha vuelto común. En cambio desaparecen otras imágenes de viaje, condenadas a perderse como el vaivén de las diligencias o la calma en altamar cuando las velas languidecían a la espera.

Abrir los ojos a medianoche en el tren detenido. Levantar la cortina: oscuridad apenas horadada por una luz en medio del campo, estación sin nombre ni presencia en los mapas. Dos embozados pasan junto a la vía. Cargan linternas y no hablan.

O bien, olor del barco en el puerto. Mirar cómo hasta la última señal de tierra firme se pierde en el curvo océano y quedamos a merced de tempestades y naufragios. Sensaciones ya casi abolidas que ahora viajan hacia nunca jamás.

## TRASMUTACIONES

Vuelvo la vista a un año remoto. No me sorprende lo muerto que existe en él —se halle donde se encuentre— sino su atroz perduración en este otro mundo. Perduración, lo sé, no es la palabra. ¿Cómo llamar a lo que se teje y desteje sin tregua? Muchos actores de entonces sobreviven en el gran teatro. Interpretan papeles que se hubieran dicho impensables. Por supuesto, varios se han ido y siempre habrá recién llegados a la compañía. Pero en nosotros qué trasmutaciones. Y las metamorfosis no cesarán mientras el escenario siga en pie o yo continúe aquí para observarlo cuando represento. ¿Cuál será el porvenir de mi pasado? ¿Cuántas sombras de ayer ocultas en el ahora reaparecerán mañana en circunstancias que hoy nadie se imagina? Nunca me cansaré de asombrarme ante esta riqueza más fascinante que una llama.

Tú también, como todos, lo llamaste espejo de la eternidad, contrario de la tierra, camino que une, abismo que separa. O, si la relación fue más estrecha, te refieres a ella como *la mar,* agua madre que en su interior gestó a todos los seres. Tu más remoto antepasado estuvo allí como partícula de vida a la que en millones de años crecieron cilios, aletas, brazos, ojos, pulmones, cerebro, pulgar capaz de oponerse a los otros dedos.

Desde el promontorio sigues el pastoreo de las olas, sus avances, sus retiradas, las gradaciones de limpidez entre el azul, el verde y la espuma. Si con Eurípides has creído que el mar lava la suciedad del mundo, observa lo que desde esta orilla le arrojamos: plomo, cobre, mercurio, cianuro. Zarpa y verás los grumos de petróleo que han empedrado sus senderos.

Durante siglos pudimos injuriarlo y saquear lo que sus olas resguardaban. Hoy al matarlo estamos muriendo. Cuando haya muerto el mar no tendremos oxígeno. Última ironía y regreso a las fuentes, moriremos boqueando, *como peces fuera del agua.*

La húmeda noche se deposita en la ciudad. Ahora sólo es visible su gran carta astronómica. Si alzas la vista no pensarás en cuántas estrellas que parecen arder son apenas reflejo de una catástrofe milenaria, información que a velocidad de años luz tarda edades de sombra para llegar hasta aquí abajo. Como si en su vértigo que se abre paso entre malezas intangibles aquel resplandor muerto se negara a hundirse en la fosa común de la eternidad.

No: si miras sublunarmente el espacio que para ti se configura como una bóveda, más bien te preguntarás sobre la destrucción de la capa de ozono por los gases que libera nuestro progreso y sus consecuencias sobre el aumento de las temperaturas y la multiplicación de los desastres naturales.

La noche está cavada de túneles. La horadan y trepanan ruidos inexorables como termes. El silencio del mundo se viene abajo triturado por la avidez de tanta carcoma. Todo resuena en la noche triste que cubre la ciudad como paño arrojado a la cara de un muerto.

## EL ÁRBOL

El árbol que en su ostentosa perfección empleó quinientos años para acortar en veinte metros la distancia entre el cielo y la tierra quiere alabanzas. Nos ha dado tánto: oxígeno, frutos, sombra, belleza. Al sentir que nos acercamos piensa que hemos venido a elogiar el grosor de su tronco, la textura de sus nudosidades, el virtuosismo estilístico de sus ramas que se extienden en todas direcciones, sin aparente simetría pero con sabio orden interno. Quiere alabanzas. Las merece. ¿Cómo desengañarlo o pedirle perdón antes de abatirlo con nuestra sierra eléctrica?

## SEIS AÑOS

Seis años. Unas cuantas palabras. No hacen falta más para explorar este inmenso milímetro de mundo. Playa de oro, viñas de la arena, troncos de la tormenta porosos como un corcho. Mundo sin mí que ahora está conmigo y ofrece al recién llegado el mar que es lo mejor de su casa. Nadie me retiene. Entro en el agua, me sostengo a flote y avanzo. Poder de vida o muerte. Sabor salobre de la dicha. Como un llamado, las grandes olas distantes. Escojo el mundo y nado de regreso. Jamás la tierra volverá a ser tan mía.

## *SHOPPING CENTER*

Quedó abierto el tarro de miel. Centenares de hormigas lo tomaron por asalto. Como en la fábula protagonizada por las moscas que memorizaste a los cuatro años, las hormigas murieron ahítas, presas de patas en la miel pantanosa, la dulce arena movediza.

## CONVERSACIÓN DESESPERADA

En la noche desierta el único rumor es su diálogo. La llama inmóvil en su ardiente fluidez quiere volverse el insecto que la corteja, abrir las alas y arrojarse al abismo. El insecto quiere ser llama, tener la gloria y los poderes del fuego. Hay un silencio en la conversación. Se produce un chasquido.

## PROVERBIO ÁRABE

Nada se escucha. La oscuridad cae a plomo en el desierto de los objetos. Primero asoma la nariz sensitiva, luego el cuerpecillo trémulo, la cola que rompe la armonía de la pelambre y es como cadena o castigo. Damos pasos furtivos, miradas concéntricas. No hay nadie: podemos aventurarnos hasta donde los restos del festín empiezan a corromperse. Es cuanto nos tocó y lo agradecemos. Otros han muerto sin probarlos siquiera. Por ahora reposa quien no descansa en sus ejecuciones. El gato duerme cerca de los rescoldos. Así pues, adelante: *Robemos el placer mientras dormita la desgracia.*

# IV

# JARDÍN DE NIÑOS*

---

*Poemas escritos para el libro-objeto de Vicente Rojo que lleva el mismo título.

*Para Alba Cama y Vicente Rojo*

I

Abrir los ojos. Aún no hay mundo. Cerrarlos.
Ver las tinieblas prenatales. Allí
algo como un regreso al principio de todo.
Soy una amiba, un protozoario, un pez
que milenariamente va saliendo del agua.*
Con espasmos de asfixia me interrogo
sobre el planeta humeante.
Me adentro en tierra firme. Ya respiro.
Avanzo a rastras. Soy reptil pulmonado.
Y ahora me brotan alas: mis escamas
se han transformado sin saberlo en plumaje.

---

* Esto que aquí se rompe y se rehace se llama *el mar.*

2

Lo que entre sangre y de la sangre brota
no es bello ciertamente.
Como una fiera se debate, lucha
con los puños cerrados y protesta
contra quienes lo arrancan. Una cola
lo ata a su especie humana. La cercenan.
Recibe el primer golpe. La luz lo hiere.
Hierve el estruendo de este mundo.
Ahora está solo y se defiende llorando.
Cabeza deformada por el túnel
y la lucha asfixiante. El viejo monstruo
rejuvenece en horas y mañana
será tierno y hermoso.

3

Desde la cuna veo llover. Se desploma
el cielo entero en un torrente sin pausa.
La tierra inerme volverá a ser del agua.
¿Voy a tocar el fondo como una piedra
o flotaré como un anfibio en las ondas?
Desciende a plomo y melodiosamente la lluvia.
Huele el jardín a recomienzo. Despierta.
El agua baja a proseguir este mundo.
Vibra el rumor que me adormece. Me duermo.

4

Tinta de la memoria. Extensión ciega
de lo indecible inmemorable.
Allí no hay nada. Sólo calor sin luz.
Tal vez la angustia
de la primera noche en esta tierra.
¿Acabarán
alguna vez las sombras?
¿Volverá el aire
a iluminarse?
Llanto, llanto
de aquel recién nacido en quien renueva
sus temores la especie.
Ser a solas,
indefenso ante el mundo, el gran no-yo
y su despliegue amenazante
sobre, en torno
del que ha nacido sin palabras.
Si tienes hambre, si padeces de frío,
si te incomodan los pañales,
existes, te hallas vivo, caes en la cuenta
de que los otros te hacen falta
y no eres
centro de ningún mundo,
rueda apenas
del perpetuo engranaje,
una semilla
entre la cuna eterna que se mece insaciable.

5

Generación que vas como las hojas…
como las hojas no, como las ondas
o círculos concéntricos taladrados
por la gota de lluvia en la masa de agua,
hasta que al ensancharse se hacen un todo
con el río que nunca pára
porque es distinto siempre.
Las aguas pasan,
el río sigue su curso,
sigue en su cauce.
Generación
de los nacidos entre tumbas
al resplandor
del incendio del mundo.
Tanto trabajo de las células
y en poco tiempo
ser alimento de gusanos
en grandes fosas o en las ruinas del bombardeo.
Generación
de millones de niños muertos.
La sobrevida
será para los otros muerte en el alma.
Y su tarea
dejar escrito en agua su testimonio.

6

La única antorcha recibida
iluminó el entierro de sus muertos.
Desplazamientos
que por mil noches terminaron en humo.
Crujir de huesos,
rumor de casas incendiadas.
¿A quién le debo
haber estado a salvo
mirando todo
desde otra orilla?
Gran aventura
es la guerra como espectáculo,
a menos
de que uno lleve como pecado original esta culpa.

7

Pero el que nace y muere solo, vivirá acompañado.
Madre, padre, inventores
del frágil desconocido en cuya página en blanco
la estirpe deja rasgos y rastros. Pero quién sabe
qué hará con él la vida, qué hará la historia,
qué hará consigo mismo.

Mamá y papá, como en un juego,
arrojaron la piedra cuestabajo, pusieron
la hoja al viento, llevada
por los que están aquí, por los que nacen
y nacerán mañana.

8

El lactante o lechón entre dos orificios:
boquita bien dispuesta para llenarse de placer
con el líquido que lo construye y lo hace egoísta,
y la cloaca
que lo ata al suelo como globo cautivo
y le recuerda: eres también destructor
y has profanado la limpieza del mundo.
No eres un ángel
sino algo más hermoso y terrible.
Por ser humano
estás sujeto a tu grandeza y tragedia.
Que tus ojos sin color te descubran
la hermosura de esto que vives, la sordidez
de haber nacido entre la injusticia, el terror,
el microbio o bacilo que puede fermentarnos en lobos
de nuestros semejantes.

9

Narciso en el estanque: hay un espejo
donde se abisma el que se reconoce.
Quién como yo,
supone el niño al observar la ficción
hecha de luz contra telones de azogue.
Si no hay piedra que rompa el maleficio
la autohipnosis embriagará a su víctima,
lo hará un tirano incapaz de ver
más allá de su ombligo mínimo,
precisamente la cicatriz
que nos señala a fuego para indicar
pertenencia al conjunto, la obligación
de ser para otros ya que somos de otros.

## 10

Entre el amor que puede ser asfixia y produce
plantas de sombra que se calcinan en la realidad sensitivas
y el desamor que engendra monstruos dolientes,
cuál es el justo medio, cuál es el punto
donde se erigen los que deben ser seres
de verdad humanos, no caricaturas
ni proyectos abandonados.
La violencia nace en la casa, el dulce hogar
reproduce lo que hay afuera. El maltrato,
como toda crueldad, es inconsciencia
y da forma a quienes serán
los crueles inconscientes del mañana.
La sobreprotección
es un efecto del pesimismo:
si el mundo es malo
y nada hacemos por cambiarlo —se dicen—
al menos retrasemos en lo posible
la hora y fecha del pago.

11

Si nada sobra, nada falta: hay comida,
tienes un lecho, ropa limpia,
cuadernos de dibujo, libros, juguetes.
Por un azar incomprensible te tocó en suerte nacer
del otro lado de la muralla, en los márgenes.
Pero de cualquier modo no te baña la lluvia,
no sufres hambre,
cuando te enfermas hay un médico; eres querido
y te esperaron en el mundo.
Son muchos
los privilegios que te cercan y das
por descontados. Sería imposible
pensar que otros no los tienen.
Y un día
te sale al paso la miseria. La observas
y no puedes creer que existan niños
sin pan, sin ropa, sin cuadernos, sin padre.
Te vuelves y preguntas por qué hay pobres.
Descubres
que está mal hecho el mundo.

12

Esos días, lo rápido que pasan.
Memorias no: destellos, aerolitos
en galaxias de olvido o de invención.
Esos días
del único Adán único que tuvo para sí toda la casa,
todos los padres, todos los amores.
Hasta que el paraíso se disuelve
y entran por fin los otros:
semejantes o hermanos, da lo mismo.
No hay limbo, el purgatorio no existe:
solamente
paraíso o infierno aquí en la tierra.
En uno u otro,
no en el lugar de enmedio, no en la tierra de nadie.
Infierno si has perdido lo que tuviste, infierno
si no lo tienes, infierno
si te desvela la obsesión de perderlo,
aunque no valga nada ni sea nada: espejismo
de egolatría, disfunción
de una célula, carcoma.
Arde la tierra.
En sangre derramada arde la tierra.

13

Pero el niño reinventa las palabras
y todo adquiere un nombre. Verbos actuantes,
muchedumbre de sustantivos. Poder
de doble filo: sirve lo mismo
a la revelación y al encubrimiento.
Cuando el objeto ya no está,
cuando los actos mueren
queda aún la palabra que los nombra, fantasma
de presencias que se disuelven.
Envuelto en esta herencia nos llega el tiempo,
calidoscopio
de figuras compuestas al infinito.
Los mismos vidrios
para un millón de imágenes distintas,
siempre distintas.
Ningún día vuelve, cada minuto es diferente.
En la sucesión,
en su insondable vértigo nos queda,
como hilo en nuestro camino o migaja
para volver por nuestros pasos, el habla.

14

El niño tiene la intuición de que no es preciso formar
una secta aparte o sentirse
superior a los otros para hacer poesía.
La poesía se halla en la lengua,
en su naturaleza misma está inscrita.
Y sus primeras frases son poéticas siempre.
Como un poeta azteca o chino,
el niño de dos años se interroga y pregunta:
—¿Adónde van los días que pasan?

15
*(Cartilla de lectura)*

EL NIÑO rompe todas las cosas de LA CASA.
Quiere adueñarse de LA CASA.
Rompe todo lo viejo que hay en LA CASA.
EL NIÑO representa LA VIDA nueva.
LA VIDA nueva está condenada a hacerse LA VIDA vieja.
Un día será como las cosas viejas que hay en LA CASA.

16

Recuerdos de la infancia como el eco de un pozo.
Inquietud
de quien surge y destruye todo.
Niño que sin saberlo
quiere rehacer el mundo y, cansado
de exterminar las cosas del viejo orden,
se pone
a esculpir su utopía inconsciente: dibujos
en un cuaderno, trazos geométricos,
ciudad justa, visiones
de alguna tierra inalcanzable.
O, si no puede con el dibujo, trata
de inventar las historias que ajusten los fragmentos
del gran rompecabezas: la realidad.
Y queda al margen
de los actos. Su hacer
se añade al mundo pero no lo transforma.

17

Como pedazos de estatuas rotas que desentierran
en los centros ceremoniales
son los juguetes lamentables, las fotos,
los cuadernos casi ilegibles
hallados de repente al limpiar la casa.
Estas ruinas son todo lo que perdura
de la infancia irrestituible. (La estatua
puede recomponerse;
el pasado interno
salidifica a quien se vuelve a mirarlo.)
En los despojos o recuerdos por un instante
el ayer se entreabre y luego
queda cerrado para siempre.

18

Ahora en definitiva es otro mundo. Aquellos años
en que irrumpimos sin saber adónde parecen
tan lejanos como el diluvio. No obstante,
prosigue la gran matanza.
Se extiende el hambre.
En el sur de América
hay campos de tortura, inmensas fosas
se abren en nuestra tierra como en Auschwitz.
El tiempo
no pasó en vano.
Se perfecciona el exterminio.
Aunque todo esto
no servirá de mucho
ante el valor humano, frente a la decisión
de alcanzar un futuro.

## 19

Como del fondo sube una burbuja y los peces,
encadenados al acuario, horadan el tedio
en feroces o mansas coreografías, nosotros
estamos ciegos para ver más allá del gran vidrio,
del agua turbia que llamamos el tiempo.
Somos los peces de este ahora, vorazmente transformado
en entonces;
los prisioneros reducidos a soñar un porvenir que otros
muchos soñaron y ya es
nuestro presente miserable.
No puedo dar un paso fuera de mi acuario.
Conozco mis voraces limitaciones.
Falta el oxígeno. Las algas proliferan.
Se adensa el agua.
Hay un escape en algún lado.
Tal vez nos llegará la asfixia, tal vez muramos
sin ver el otro mundo allá afuera.*

---

* Pero qué importa esa agonía.
Si te derrumbas, si te mueres
habrá otro siempre
para acabar cuanto empezaste.
Nada es inútil y tu misma muerte
trasmitirá la vida a quienes lleguen.
El mundo
no morirá, lo sabes,
cuando te extingas.

## 20

*(Epílogo)*

O somos los guijarros que expulsa el mar y caemos
en la playa que no elegimos, entre sargazos
y entre grumos letales de petróleo. Aquí está
la sequía que nombran el desierto. Es preciso
atravesarlo de sol a sol. Llegaremos
al otro mar a que nos cubra la muerte. Entretanto
el camino es la meta y nadie avanza solo
y el agua se comparte o revientas. No hay
minuto que no transcurra. Adelante.

# ÍNDICE

III. *Prosas*